अहोई अष्टमी व्रत

चित्रांकन: सुजाता साहा

प्रकाशक: डिवाइनभारत

चित्रांकन: सुजाता साहा

ISBN 978-93-343-9364-4

प्रकाशक: डिवाइनभारत

वेबसाइट: www.divinebharat.co

अनुक्रमणिका

परिचय

अहोई अष्टमी व्रत हिन्दू धर्म का एक प्रमुख एवं पारंपरिक पर्व है, जिसे संतान की दीर्घायु, सुख-समृद्धि और मंगलकामना के लिए माताएँ श्रद्धा और भक्ति से करती हैं। प्राचीन काल में यह व्रत विशेष रूप से पुत्रों की कुशलता के लिए रखा जाता था, किन्तु आधुनिक समय में माताएँ इसे अपने सभी बच्चों — पुत्र एवं पुत्री — की भलाई हेतु करती हैं।

यह व्रत दीपावली से लगभग आठ दिन पूर्व, कृष्ण पक्ष की अष्टमी तिथि को रखा जाता है। उत्तर भारत में प्रचलित पूर्णिमांत पंचांग के अनुसार यह व्रत कार्तिक मास में आता है, जबकि गुजरात, महाराष्ट्र एवं दक्षिण भारत के अन्य राज्यों में प्रचलित अमांत पंचांग के अनुसार यह आश्विन मास में आता है। यद्यपि पंचांग में मास का नाम भिन्न है, किन्तु तिथि और पर्व का दिन सर्वत्र एक ही होता है।

अहोई अष्टमी को अहोई आठें के नाम से भी जाना जाता है, क्योंकि यह अष्टमी तिथि को मनाया जाता है। इस दिन माता अहोई की पूजा की जाती है, जिन्हें संतान की रक्षक और कल्याणकारिणी देवी माना जाता है। कई स्थानों पर माता अहोई को देवी लक्ष्मी का ही एक स्वरूप माना जाता है।

व्रत का आरंभ प्रातः स्नान कर संकल्प लेने से होता है, जिसमें माता अपनी संतान के मंगल के लिए निर्जल उपवास का व्रत लेती हैं। दिनभर व्रत के पश्चात गोधूलि बेला में तारों के दर्शन के बाद व्रत खोला जाता है। कुछ परंपराओं में चंद्रदर्शन के बाद व्रत खोला जाता है, किन्तु इस दिन चंद्रमा देर रात उदित होता है, जिससे ऐसा करना कठिन हो जाता है।

पूजा के लिए प्रायः दीवार पर लाल गेरू से माता अहोई का चित्र बनाया जाता है या कपड़े पर काढ़कर उसे टांगा जाता है। चित्र में आठ कोष्ठक (आठ कोने) बनाए जाते हैं, जो अष्टमी तिथि का प्रतीक हैं। चित्र में माता अहोई के साथ शेर और छोटे बच्चों का अंकन भी किया जाता है। पूजा में कलश, करवा, सरई के तिनके या

कपास की बत्तियाँ, गेहूँ, हलवा, पूड़ी, पूआ आदि विशेष महत्व रखते हैं।

अहोई अष्टमी के पीछे एक लोककथा प्रचलित है, जिसमें एक साहूकारिन से अनजाने में शेर के बच्चे की हत्या हो जाती है और परिणामस्वरूप उसे अपने बच्चों की क्षति सहनी पड़ती है। बाद में देवी अहोई की पूजा व व्रत करने से उसका दोष दूर होता है और उसे संतान सुख प्राप्त होता है। यह कथा मातृ भक्ति, प्रायश्चित्त और संतान के प्रति प्रेम का प्रतीक है।

अहोई अष्टमी व्रत केवल एक धार्मिक अनुष्ठान ही नहीं, बल्कि मातृत्व की करुणा, प्रेम और त्याग का जीवंत उत्सव है, जो पीढ़ी-दर-पीढ़ी भारतीय संस्कृति में संतान के मंगल की कामना का संदेश देता आया है।

अहोई अष्टमी व्रत में बैना

"बैना" शब्द का मतलब है – पूजन-सामग्री का थाल, जिसमें व्रत या पूजा के लिए खास चीजें सजाकर रखी जाती हैं।

- यह वस्त्र, श्रृंगार-सामग्री, मिठाई, फल, पूजन-सामग्री आदि का शुभ संयोग होता है।
- बैना देने की परंपरा आशीर्वाद और मंगलकामना से जुड़ी है, ताकि घर-परिवार में सुख-समृद्धि बनी रहे।

अहोई व्रत में बैना आमतौर पर सास या जेठानी को दिया जाता है। इसमें शामिल हो सकते हैं –

1. पूजा का थाल – जिसमें रोली, चावल, हलवा, पूरी, फल, मिठाई, सिंदूर, कंघी, चूड़ियां, बिंदियां, कपड़ा आदि रखे जाते हैं।
2. नारियल – अक्सर पूजा का प्रमुख अंग।
3. जल से भरा लोटा – साथ में रोली-चावल से सजाया जाता है।
4. मिठाई या पकवान – जैसे हलवा-पूरी, mathri, आदि।

राधाकुंड स्नान – पूर्ण विधि

पौराणिक पृष्ठभूमि और वैभव

- राधाकुंड वे स्थान है जहाँ भगवान श्रीकृष्ण और राधारानी ने स्नान करके पवित्रता की स्थापना की थी। कथा के अनुसार, राधारानी ने इसे अपने कंगन से खोदा था—इस कारण इसे "कंगन कुंड" भी कहा जाता है। राधारानी की इच्छा के अनुरूप श्रीकृष्ण ने वरदान दिया कि जो भी इस दिन यहां स्नान करेगा, उसे पुत्र का वर मिलेगा।
- अहोई अष्टमी, जो कार्तिक मास की कृष्ण पक्ष अष्टमी को मनाई जाती है, इसी दिन राधाकुंड स्नान का विशेष महत्व है—यह संतान सुख प्राप्ति का सर्वोत्तम अवसर माना जाता है।

स्नान की विधि

1. निर्जला व्रत रखें – अधिकांश दंपति बिना भोजन/जल ग्रहण किए व्रत रखते हैं, यह संकल्प स्वरूप होता है।

2. **रात्रि 12 बजे स्नान आरंभ – कृत्रिम अंधकार में नदी या कुंड में प्रवेश करें, ध्यान और श्रद्धा के साथ स्नान करें।**
3. **श्रद्धा पूर्वक प्रार्थना – राधारानी की मनोकामना से संबंधित प्रार्थना करें, विशेष रूप से पुत्र प्राप्ति की कामना।**
4. **शामिल पूजन सामग्री:**
   - **कुष्मांडा (सफेद कद्दू/पेठा), जिसे लाल वस्त्र से सजाकर राधारानी को अर्पित किया जाता है।**
   - **स्नान से पूर्व या बाद में कुंड पर प्रसाद चढ़ाया जाता है।**
5. **श्रद्धालुओं की भीड़ और संकल्प – बड़ी संख्या में सुहागिन, दंपति और भक्त इस पुण्य स्नान में शामिल होते हैं; कई लोग तीन डुबकी लगाकर अपनी आस्था प्रकट करते हैं।**
6. **स्नान के बाद की परंपरा – स्नान के पश्चात श्रद्धालु गिरिराज की परिक्रमा करते हैं, और यदि संतान प्राप्ति हुई, तो अपनी आभार प्रकट करने के लिए पुनः इस स्थान की यात्रा करते हैं।**

पूजन सामग्री

1. अहोई माता का चित्र या कैलेंडर (जिसमें अहोई माता, सेई, सूर्य, गणेश जी, लक्ष्मी जी हों)।
2. गेरू और चूना (यदि दीवार/फर्श पर अहोई माता का चित्र बनाना हो)।
3. गणेश जी की मूर्ति/चित्र (यदि अलग से स्थापना करनी हो)।
4. दोघट /हांड़ियां (कलश) – एक के ऊपर करवा रखा जाता है।
5. अनाज (गेहूं, चावल) या जल भरने के लिए।
6. मौली (कच्चा लाल धागा)।
7. सप्तधान्य (सात प्रकार के अनाज, विशेषकर गेहूं के 7 दाने)।
8. फूल, रोली, चावल, हल्दी, अक्षत।
9. धूप, दीपक, घी/तेल।
10. प्रसाद – पूरी, गुड़/चीनी के पूरे, हलवा या गुलगुले, लड्डू आदि।
11. बायना (साड़ी/चूड़ी/सिंदूर/मेंहदी/रुपया आदि)।
12. चांदी की अहोई (स्याऊ) – यदि परंपरा हो।
13. कुष्मांडा (सफेद पेठा) – विशेषकर राधाकुंड स्नान के लिए।

पूजन का शुभ समय

- सर्वोत्तम समय: सूर्यास्त के तुरंत बाद, संध्या के समय।
- व्रत खोलना: तारों के दर्शन या चंद्रोदय के बाद, परिवार की परंपरा के अनुसार।

पूजन की तैयारी

सुबह या पूजा शुरू करने से ठीक पहले संकल्प लिया जाता है।

दिन भर व्रत रखें – निर्जला या फलाहार, अपनी क्षमता अनुसार।

पूजा स्थान को स्वच्छ करें और पवित्र आसन बिछाएं।

अहोई माता का चित्र दीवार पर/पाटे पर स्थापित करें।

यदि चित्र बनाना हो तो गेरू-चूना से अहोई माता, सेई, सात संतानों का चित्र बनाएं।

पूजा विधि

संकल्प

अहोई व्रत के दिन सुबह या पूजा शुरू करने से ठीक पहले संकल्प लिया जाता है। आमतौर पर यह संकल्प कुश के आसन पर बैठकर, हाथ में जल, चावल और फूल लेकर किया जाता है। स्नान कर, साफ कपड़े पहनकर पूजन स्थान तैयार करें पूजा का आसन (कुश या स्वच्छ कपड़े का) बिछाकर बैठें एक हाथ में अक्षत (चावल), फूल और जल लें। अपने गोत्र, नाम, स्थान, तिथि, व्रत का नाम और उद्देश्य का उच्चारण करें। अंत में जल को भूमि पर छोड़ दें – यह संकल्प की पुष्टि मानी जाती है।

"मैं (अपना नाम) अहोई माता का व्रत आज (तिथि और स्थान का उल्लेख करें) कर रही/रहा हूँ। यह व्रत मैं अपनी संतान की लंबी आयु, स्वस्थ जीवन और सुख-समृद्धि की कामना से निर्जल रूप से रख रही/रहा हूँ। मेरा यह व्रत सूर्यास्त के बाद तारों या चंद्रमा को अर्घ्य देने के उपरांत ही पूर्ण होगा।

ॐ पार्वतीप्रियनंदनाय नमः । ॐ उमादेव्यै नमः ।"

गणेश पूजन

1. गणेश जी को रोली, अक्षत अर्पित करें।

2. दीप जलाएं और गणेश जी से पूजा में विघ्न न आने की प्रार्थना करें।

अहोई माता पूजन

1. अहोई माता, सेई, सूर्य, लक्ष्मी, गणेश – सभी को रोली, अक्षत, फूल अर्पित करें।

2. अपने बच्चों को भी तिलक लगाएं और उनके हाथ में कलावा बांधें।

3. अहोई माता को चुन्नी ओढ़ाएं और माला अर्पित करें।

4. दो घर/हांड़ियों पर तिलक और स्वास्तिक बनाएं, चावल अर्पित करें।

विशेष माला विधि

- अहोई माता की माला में धागा बदलें।
- कथा सुनते समय गले में पहनें, व्रत खोलने तक पहने रखें, फिर दोघर पर पहना दें।

कथा श्रवण

- अहोई माता की कथा सुनें – यह बच्चों की दीर्घायु और संतान सुख की कथा है।
- कथा के बाद गणेश जी की भी कथा सुनी जाती है।
- कथा के समय हाथ में सात दाने गेहूं/चावल और थोड़ी धूप/जवारे रखें।

अर्घ्य और व्रत खोलना

1. रात में तारे या चंद्रमा को देखें।
2. करवा/कलश के जल में कथा के गेहूं/चावल डालें।
3. जल लेकर अर्घ्य दें और प्रार्थना करें।
4. व्रत खोलें और प्रसाद ग्रहण करें।

बायना देना

- पूजा के बाद बायना (साड़ी/चूड़ी/सिंदूर/मेंहदी/रुपया) अपनी सास, जेठानी, ननंद या किसी बड़ी महिला को दें।
- यदि घर में कोई न हो तो मंदिर या पड़ोस की महिला को दें।

पूजन का समापन

- अहोई माता की फोटो और दोघर छोटी दिवाली के दिन ही हटाएं।
- दोघट का जल बच्चों के स्नान और घर में छिड़काव में प्रयोग करें।

विशेष परंपराएं

- राधाकुंड स्नान: संतान प्राप्ति हेतु दंपत्ति मध्यरात्रि के निशिता काल में स्नान करते हैं और कुष्मांडा अर्पित करते हैं।
- पूरे उछालना: कुछ स्थानों पर प्रसाद के पूरे पीछे की ओर उछाले जाते हैं, बच्चे उन्हें उठाकर खाते हैं – यह सुख और समृद्धि का प्रतीक है।

व्रत कथाएँ

अहोई अष्टमी के दिन पूजा की शुरुआत गणेश जी की कथा से की जाती है

गणेश व्रत कथा

एक बार माता पार्वती ने भगवान शिव से कहा – "हे स्वामी! मैं चाहती हूँ कि आप मुझे ऐसा व्रत बताएं जिससे संतान सुख प्राप्त हो और संतान लंबी आयु वाली हो।"

तब भगवान शिव ने कहा – "हे पार्वती! सभी व्रतों में गणेश व्रत श्रेष्ठ है। इसे करने से व्रती को संतान सुख और सभी कार्यों में सफलता मिलती है। इस व्रत में गणेशजी की पूजा करके, धूप-दीप से आराधना करनी चाहिए और संकल्प लेकर पूरे दिन निर्जल रहना चाहिए।"

भगवान शिव ने गणेश व्रत की महिमा सुनाकर यह भी कहा कि जो स्त्री अहोई अष्टमी के दिन गणेश व्रत करती है, उसकी संतान की सभी बाधाएँ समाप्त हो जाती हैं।

अंत में कथा सुनने के बाद व्रती महिलाएँ कहती हैं "गणपति बप्पा मोरया, मंगल मूर्ति मोरया, हमारे व्रत को पूर्ण करें, सुख-शांति प्रदान करें।"

अहोई अष्टमी व्रत कथा

एक माँ और उसके सात बेटों की कथा

एक समय की बात है, घने जंगल के पास बसे एक गाँव में एक दयालु और धर्मपरायण महिला रहती थी। उसके सात बेटे थे। कार्तिक मास में, दिवाली से कुछ दिन पहले, उस महिला ने दिवाली के लिए अपने घर की मरम्मत और सजावट करने का फैसला किया। अपने घर की मरम्मत के लिए, वह जंगल से मिट्टी लाने गई। जंगल में मिट्टी खोदते समय, जिस कुदाल से वह मिट्टी खोद रही थी, उससे गलती से कुछ छोटे हाथी के बच्चे मारे गए। उन मासूम सूअरों के साथ जो हुआ, उसके लिए वह खुद को दुखी, दोषी और ज़िम्मेदार महसूस कर रही थी।

इस घटना के एक वर्ष के भीतर, उस महिला के सभी सात बेटे गायब हो गए और उन्हें ग्रामीणों ने मृत मान लिया। ग्रामीणों ने अनुमान लगाया कि उसके बेटों को जंगल के कुछ जंगली जानवरों ने मार दिया होगा। महिला बहुत उदास थी और उसने सारे दुर्भाग्य को अपने द्वारा शावक की आकस्मिक मृत्यु से जोड़ा। एक दिन, उसने गाँव की एक वृद्ध महिला को अपनी व्यथा सुनाई। उसने इस घटना के बारे में बताया कि कैसे उसने गलती से शावक को मारने का पाप किया था। वृद्ध महिला ने महिला को सलाह दी कि अपने पाप के प्रायश्चित के लिए, उसे देवी पार्वती के अवतार देवी अहोई भगवती से सूअर के बच्चे का चेहरा बनाकर प्रार्थना करनी चाहिए। उसे देवी अहोई के लिए व्रत रखने और पूजा करने का सुझाव दिया गया क्योंकि उन्हें सभी जीवित

प्राणियों की संतानों की रक्षक माना जाता था।

महिला ने अष्टमी के दिन देवी अहोई की पूजा करने का निश्चय किया। जब अष्टमी का दिन आया, तो महिला ने सुअर का चेहरा बनाया और व्रत रखकर अहोई माता की पूजा की। उसने अपने किए पाप का सच्चे मन से पश्चाताप किया। देवी अहोई उसकी भक्ति और ईमानदारी से प्रसन्न हुईं और उसके सामने प्रकट हुईं और उसे उसके पुत्रों की दीर्घायु का वरदान दिया। शीघ्र ही उसके सातों पुत्र जीवित घर लौट आए। उस दिन से, हर वर्ष कार्तिक कृष्ण अष्टमी के दिन देवी अहोई भगवती की पूजा करने का विधान बन गया। इस दिन माताएँ अपने बच्चों की सलामती के लिए प्रार्थना और व्रत रखती हैं।

श्री गणेश जी आरती

जय गणेश जय गणेश, जय गणेश देवा।
माता जाकी पार्वती, पिता महादेवा॥

एक दंत दयावंत, चार भुजा धारी।
माथे सिंदूर सोहे, मूसे की सवारी॥

जय गणेश जय गणेश, जय गणेश देवा।
माता जाकी पार्वती, पिता महादेवा॥

पान चढ़े फल चढ़े, और चढ़े मेवा।
लड्डुअन का भोग लगे, संत करें सेवा॥

जय गणेश जय गणेश, जय गणेश देवा।
माता जाकी पार्वती, पिता महादेवा॥

अंधन को आंख देत, कोढ़िन को काया।
बांझन को पुत्र देत, निर्धन को माया॥

जय गणेश जय गणेश, जय गणेश देवा।
माता जाकी पार्वती, पिता महादेवा॥

'सूर' श्याम शरण आए, सफल कीजे सेवा।
माता जाकी पार्वती, पिता महादेवा॥

जय गणेश जय गणेश, जय गणेश देवा।
माता जाकी पार्वती, पिता महादेवा॥

दीनन की लाज रखो, शंभु सुतकारी।
कामना को पूर्ण करो, जाऊं बलिहारी॥

जय गणेश जय गणेश, जय गणेश देवा।
माता जाकी पार्वती, पिता महादेवा॥

॥ आरती अहोई माता की ॥

जय अहोई माता ।

तुमको निसदिन ध्यावत, हर विष्णु विधाता ॥

ॐ जय अहोई माता ॥

ब्रह्माणी, रुद्राणी, कमला, तू ही है जगमाता ।

सूर्य-चन्द्रमा ध्यावत, नारद ऋषि गाता ॥

ॐ जय अहोई माता ॥

माता रूप निरंजन, सुख-सम्पत्ति दाता ।

जो कोई तुमको ध्यावत, नित मंगल पाता ॥

ॐ जय अहोई माता ॥

तू ही पाताल बसंती, तू ही है शुभदाता ।

कर्म-प्रभाव प्रकाशक, जगनिधि से त्राता ॥

ॐ जय अहोई माता ॥

जिस घर थारो वासा, वाहि में गुण आता ।

कर न सके सोई कर ले, मन नहीं घबराता ॥

ॐ जय अहोई माता ॥

तुम बिन सुख न होवे, न कोई पुत्र पाता ।

खान-पान का वैभव, तुम बिन नहीं आता ॥

ॐ जय अहोई माता ॥

शुभ गुण सुंदर युक्ता, क्षीर निधि जाता ।

रतन चतुर्दश तोकू, कोई नहीं पाता ॥

ॐ जय अहोई माता ॥

श्री अहोई माँ की आरती, जो कोई गाता ।

उर उमंग अति उपजे, पाप उतर जाता ॥

ॐ जय अहोई माता,

मैया जय अहोई माता ।

www.ingramcontent.com/pod-product-compliance
Lightning Source LLC
LaVergne TN
LVHW022112071026
849580LV00014B/2071